NOTES, LETTRES ET DOCUMENTS

SUR

LA RÉVOLUTION FRANÇAISE.

ANGERS, IMP. DE COSNIER ET LACHÈSE.

NOTES

D'UN REPRÉSENTANT DU PEUPLE.

LETTRES

D'UN MOINE, D'UN ABBÉ, D'UN MÉDECIN,

et pièces authentiques

sur

LA RÉVOLUTION,

PUBLIÉES

PAR HÉLYON CHAMP-CHARLES.

PARIS,

CHARAVAY, LIBRAIRE-ÉDITEUR, RUE GIT-LE-COEUR, N° 4.

1847.

PRÉFACE

QU'ON FERA BIEN DE NE PAS LIRE POUR ARRIVER PLUS VITE AUX PIÈCES CAPITALES QUI FONT L'OBJET DE CETTE PUBLICATION.

—

Celui qui m'a donné les notes que je mets au jour est un singulier être, dont il faut que je vous conte la vie. Il n'avait pas six ans qu'il s'occupait déjà de femmes, de vers, de politique et de batailles. Je n'exagère point. Il lisait couramment, et non pas dans ses Heures ou dans l'Évangile comme l'en priait à mains jointes sa mère, mais dans les affiches, dans le compère Mathieu, dans la Jérusalem délivrée, traduite. On le nommait dès ce temps-là, *Tancrède*, parce qu'il sautait aux jambes, aux bras, au cou des jolies femmes ou filles qu'il rencontrait, les appelant *Clorinde*, et leur débitant d'un air très significatif toutes sortes de drôleries et de tendresses.

Son maître d'école était un vieux soldat, M. Perrier, qui avait épousé une perruquière. Madame Perrier faisait la barbe à son mari et le coiffait tous les matins, au milieu de la classe; elle faisait sa queue et le poudrait à blanc, lui bassinait les yeux (qu'il avait faibles) avec de l'eau de fontaine mêlée d'eau-de-vie, et quand cette toilette était achevée, elle lui apportait deux œufs frais qu'il mangeait *à la mouillette*, en les accompagnant de deux ou trois petits verres de vin blanc ou rouge, selon la saison.

Tancrède étudiait peu, riait beaucoup. Aimé de ses camarades, il les dérangeait sans cesse par ses *frédons* et ses signes. On le mettait à genoux, on lui donnait de la férule sur les doigts; il raillait de plus belle et rien ne pouvait l'assagir et le dompter. Il y avait une prison qui était sombre, une espèce de cachot : on l'y envoyait, il y faisait le sabbat et ne se déplaisait pas dans cette solitude où il se faisait des images incroyables. Quand on venait le délivrer, on le trouvait en extase devant des lueurs qui lui apparaissaient dans l'ombre et qui lui ouvraient, s'écriait-il, un ciel d'or et de pourpre et un monde enchanteur.

Que faire avec une semblable organisation? Après l'avoir puni on le laissait maître absolu de lui-même. Il se mettait à déclamer, à gesticuler, à jouer les empereurs ou parfois les Sganarelles; il passait du grave au bouffon, et tantôt il vous saluait d'un : *Je suis le Père éternel*, tantôt d'un : « *Je suis Croquemitaine.* »

Les devoirs qu'on dictait, il ne les faisait jamais ; les leçons qu'on donnait, jamais il n'eut l'idée de les apprendre. Aussi qu'arrivait-il? Au lieu de la croix d'argent qu'on donnait au meilleur écolier dans les compositions, et qu'on accrochait à sa boutonnière, il avait, lui, le dernier, hors rang , la croix de bois, qu'on lui faisait l'obligation cruelle de porter sur son dos, le long des rues.

En sortant de l'école, ainsi affublé (notez que c'était à Angers , et qu'il demeurait rue Baudrière), il passait devant la boutique des demoiselles Cerisier, marchandes de modes, au coin des rues Saint-Laud et du Grand-Talon , où est à présent le Domino Noir. Les Cerisier étaient vieilles , mais elles avaient de jeunes ouvrières qui attiraient l'enfant, le faisaient entrer, le retenaient dans leur giron, lui ôtaient sa croix de bois , lui baisaient les joues, se laissaient par lui baiser les yeux, s'amusaient de ses désirs, et au lieu de le gronder, lui donnaient des confitures.

Une autre fois, c'était à la porte Angevine qu'il était arrêté par une lingère accréditée, friande, qui le faisait jaser, l'agaçait de mille façons, lui apprenait des mots qu'il n'eût jamais devinés sans elle, et ne le renvoyait chez lui que tout rouge de caresses et bourré de dragées.

M. Perrier avait une maison de campagne pour les récréations du jeudi. Il y menait ses écoliers en 89 et 90, les faisait marcher sur deux files, au pas, au son du tambour, et leur lisait pour récompense, quand il était content d'eux, les nouvelles de l'Assemblée. Tancrède écoutait de toutes ses oreilles et faisait sérieusement des réflexions sur les décrets de la Constituante.

On forma à Angers un bataillon de volontaires, dont Choudieu fut le commandant. La musique avait des habits rouges, et l'un des bassons avait une maîtresse qu'à l'insu de son père, il cachait durant le jour, dans une armoire de sa chambre. Tancrède eut vent de cette intrigue par je ne sais quelle indiscrétion, et l'on ne put obtenir de lui le silence , qu'après que la belle eut consenti à se laisser embrasser dix fois par le petit galant, qui lui criait encore

en s'échappant : « Oh! vous êtes bien heureuse d'en être quitte à si
« bon marché. »

La révolution allait son train. Tout était bon pour exciter le zèle.

Il y avait des stimulants pour tous les âges. Un régiment de bambins de huit à douze ans s'était organisé et équipé. Tancrède était lieutenant d'une des compagnies, et il faisait l'exercice comme un vrai milicien qu'il voulait être. Son père qui était grand, bien fait, poli, instruit, considéré, fut élu membre du directoire du département, et au dîner patriotique qui fut donné pour la nomination de M. Pelletier, l'évêque constitutionnel, Tancrède placé à table à côte du prélat, fut chargé de lui débiter, au dessert, un compliment dont les deux derniers vers étaient :

> Vous gagnerez des cœurs à Dieu,
> En écrasant le fanatisme.

Quand s'alluma la guerre civile, précisément par le fanatisme qu'on avait voulu écraser, mais qui s'était regimbé, le petit patriote courait aux Ponts-de-Cé avec les troupes, il marchait à côté des canons; il campait sous la tente à la butte d'Erigné, lors de la levée en masse; il portait des munitions sur les remparts au siége d'Angers, et enfin, quand il eut quinze à seize ans, il se battit contre les insurgés dans les colonnes mobiles, et se fit durant toute cette lutte remarquer constamment parmi les éclaireurs et à l'avant-garde.

Les trèves signées, il reprit des études qu'il avait assez mal commencées, suivit les cours de l'École centrale et ne fit rien en législation, en histoire, en mathématiques ; mais sans savoir la syntaxe et sans avoir jamais appris une règle par cœur, il eut tous les prix de poésie, ne fit jamais une faute de rime et vit ses idylles, ses cantates, ses odes, insérées par son professeur dans les gazettes.

Ce professeur était un homme charmant, qui faisait lui-même de très jolis vers et qui avait eu de grands succès par ses madrigaux, près des belles Angevines. Le professeur et l'élève eurent plus d'une fois les mêmes amours, mais ces rivalités ne les brouillèrent point. Ils s'entendaient au contraire à merveille et jouaient ensemble des charades et des proverbes qui faisaient les délices des soirées du temps. Tous ces plaisirs si délicieux, si vifs, détournaient le jeune garçon de songer à sa fortune. Il ne pensait qu'à plaire et à écrire. Il barbouillait du papier jour et nuit. Il en avait le cauchemar et la fièvre. Il rêvait dans les bois, il rêvait dans les plaines, il traçait au poinçon des quatrains sur les rochers de Saint-Nicolas et de la Baumette. C'était une maladie. Il fit une bonne satire qui lui valut un duel, et après cela des vaudevilles, des opéras, des comédies, qui le firent admettre au Caveau moderne avec Piis, Armand Gouffé, Chazet et La Madeleine, car il avait quitté la province pour voyager, et il s'était rabattu sur Paris, qui devint son quartier-général et le théâtre de ses jeux, de ses fautes, de ses extravagances et de ses triomphes.

Il se maria à la fin, et cet esprit si brusque, si indépendant, si rétif, fut doux comme un mouton dès qu'il eut endossé la livrée conjugale. Il se casa, se rangea, se fit goûter de la puissance et devint en peu de mois une des chevilles ouvrières de la grande machine administrative, sous l'Empire. Je le peins rapidement pour ne pas vous fatiguer. Il faudrait deux portraits pour avoir l'homme. Je l'ai charbonné sous une face, voici l'autre. Ce Tancrède si léger au début, est maintenant un pilier de bureau, il y va dès l'aube et n'en sort qu'à la nuit. Il a des commis par douzaines, il les encourage et les dirige, il mène de front vingt immenses projets, il dévore les dossiers, il broche les affaires, il débrouille, il crée et laisse sur tous les points des traces de ses efforts et de son passage.

Le voyez-vous entouré de personnages fameux, qui le sollicitent, le flattent, qui veulent de lui un rapport favorable : Poètes, savants, généraux, évêques, sont dans son antichambre et sont jaloux d'avoir une de ses minutes d'audience. Il les écoute et les satisfait tous : artistes, danseurs, comédiens, chanteuses, tout est passé en revue : Bonjour, bonsoir, vous aurez votre brevet, vous aurez votre pension, vous aurez un tableau, vous aurez un buste; ô jours de gloire !

Et la fortune un matin lui a tout ravi, et il a tout vu fuir comme une paille dans l'air et s'envoler comme une plume. Les valets sont devenus des ennemis, et ce n'est là, mon Dieu, que la moindre disgrâce ! Il y a des maux plus grands, des coups plus rudes ! Ah ! que la vie de l'homme est semée de traverses ! Que le poids de ses peines est lourd à porter ! Tancrède est dans le chagrin. Il est morne et sombre. Il est en route à présent, il veut se distraire. Il est parti avec sa femme, son adorable femme, et adorée, qui allège tout et qui le console. Il va aux bains de mer, pour chasser tant qu'il peut les ennuis cruels. Il emporte son violon, il joue dans les auberges et il fait des couplets, des rondeaux et des épigrammes qui ne sentent guère la douleur et le regret. Mais ne vous y fiez pas, sous le refrain gaillard, il y a une pointe aiguë; il y a de l'absinthe sous ce miel, et tout ce bruit de castagnettes ne dérobe pas aux clairvoyants la ride creuse au front du pèlerin !

Je vous offre les vers que j'ai reçus ce matin même par la poste, et qui sont comme une espèce de hors-d'œuvre pour tromper votre appétit ; puis je vous donne ensuite les pièces de résistance, au nombre de trois, bien copieuses, bien nourries et qui sont : la première, d'un tour qui vous surprendra , quand vous saurez la source ; les deux autres, de nature à vous faire frissonner.

Je cherche à vous séduire , lecteur, par la quantité et la variété. Ne jetez pas mon livret au feu avant d'être allé jusqu'au bout , fouillez , fouillez : le meilleur est au fond !

SUR UN BEAU TALENT PERDU.

—

Papin , qu'on vit dans sa jeunesse ,
Partout chéri , partout fêté ,
Brillait par la délicatesse ,
Par la grâce , par la souplesse ,
Par un savoir bien médité ,
Dont il usait avec adresse.

Défenseur de la vérité ,
A la vertu rendant hommage ,
Il combattit avec courage
Le mauvais goût et le vice effronté.
Durant les affreux jours où l'homme épouvanté
De la terreur subissait l'esclavage ,
Au théâtre on fut enchanté
De voir notre poëte , au monstre ensanglanté ,
Le premier déclarer la guerre ,
L'étouffer, le rouler par terre ,
Aux accents de la liberté.

Et quand le ciel eut repris sa clarté ,
Quand du bourreau cessa le règne infâme ,
L'ami des arts , retrouvant sa gaîté ,
Dans des vers pleins de volupté ,
De ses amours peignit la flamme.
Jamais peut-être la beauté ,
Cette pudeur unie à la bonté ,
Ce charme intime de la femme ,
N'inspira des accords d'un ton plus velouté.

O travers de l'esprit! ô mystère de l'âme!
A peine le succès fut-il par lui goûté,
    A peine le prix remporté,
   Que se courbant sous la palme cueillie,
   Et qu'abdiquant la douce royauté,
    Sa muse s'était endormie.

Paris nous l'enviait, et l'Université
    Voulait qu'en pleine faculté
  Il professât ou la philosophie,
  Ou l'éloquence, ou bien la poésie;
   A l'Institut il était souhaité;
  Mais tout à coup la paresse ennemie
    L'a pris, l'a saisi, l'a dompté.
C'est elle qui déflore et qui trompe sa vie.
Ce qui le ravissait est par lui redouté;
Sa lyre, il n'en veut plus; sa gloire, il la renie;
Il n'a plus de croyance, il n'a plus de patrie,
   Et dans sa lâche oisiveté
   Il laisse croupir son génie!

LE BOURG DES DÉVOTES.

—

   J'ai vu souvent dans mes voyages
Et de grandes cités et de petits villages,
Où Dieu n'était servi que médiocrement,
Où les femmes étaient presque toutes jolies,
   Toutes blondes, toutes polies,
   Et prenaient plutôt un amant
Qu'un confesseur. L'Anjou se conduit autrement.
   A l'église, aux bords de la Loire,
Où volontiers je vais le dimanche matin,
Assister, dans mon banc, à l'office divin,
Toutes les femmes ont, plus qu'on ne saurait croire,
   L'esprit à la dévotion,
Si pourtant c'est esprit que cette passion.

Quand le prêtre atteint le ciboire,
Et quand vient le moment de la communion,
  Elles y vont comme à la foire.
Mais qu'elles aient besoin d'approcher des autels,
Pour se débarbouiller, par quelques saints remèdes,
Il faut le concevoir, puisque toutes sont laides
  Comme les sept péchés mortels !

A UNE JOLIE FEMME,

Qui par accès fait le bas-bleu.

Laisse aux cordes de ma lyre
Une sainte liberté ;
De ma pauvre âme en délire
S'échappe la vérité :
Avant que de t'avoir vue,
Je connaissais ta valeur,
Et tu m'étais apparue
Dans mes rêves de bonheur.

Comme la verte cigale
Qui chante au milieu des fleurs ,
Apporte-moi ta morale
Qui pénètre au fond des cœurs.
Dans ta langue douce et fine ,
Parle en vers harmonieux
De cette bonté divine
Qui rayonne dans tes yeux.

Viens , ô femme belle encore ,
Malgré la rigueur des ans ;
Tout le parfum de l'aurore
Sort de tes longs cheveux blancs.
Pour adoucir ma tristesse ,
Prends une heure tous les jours ,
Rends à ma froide vieillesse
Le feu des jeunes amours.

Amours sans trève et sans tache,
Promesses sans trahison,
Nœuds par où l'esprit s'attache
Sur l'autel de la raison ;
Délices que rien ne trouble,
Source pure d'un plaisir
Dont la puissance redouble
Par le temps qui fait mourir !

LE REMEDE D'AMOUR.

Pour la fièvre d'amour guérir,
Mettez d'abord peine cruelle,
Qui suit trop souvent le plaisir ;
Mettez la peur que votre belle,
Trop ardente à plaire et courir,
Bientôt ne vous soit infidelle ;
Mettez l'absence du dormir
Et l'appétit qui prend la fuite ;
Perte de temps, de doux loisir,
De tout repos, mettez ensuite,
Et joignez-y pour l'avenir,
Longs regrets et vif repentir,
Pour la fièvre d'amour guérir !

NOTES DE TALOT

SUR LA NOBLESSE ET LES COUVENTS.

Quand un vilain rencontrait un noble, il passait à gauche et lui laissait le haut du pavé; il le saluait bien bas, et l'autre à peine lui faisait un signe de tête, qui voulait dire : c'est bien.

Et ce noble, qu'était-il? comment le faisait-on? quelle était le plus souvent son origine? C'est chose qu'il faut garder en sa mémoire, car dès qu'on oublie un abus il renaît et plus insupportable. L'usurpation est un instinct de l'homme; cédez-lui un pied, il en prend deux, et ce besoin de primer est si vif, si enraciné dans le pauvre esprit humain, que pour peu qu'on cesse de lui serrer la bride, il prend le galop et va ventre à terre.

Mais disons par quel ingrédient on faisait les nobles.

On prenait un marchand en gros et on le faisait échevin. L'échevinage à Angers donnait un rang, un air et de bons priviléges. On prenait le *de*, on prenait un nom de terre, on prenait tout ce qu'on pouvait : un titre, une livrée, des laquais. D'Hozier, pour de l'argent, vous confirmait tout cela, et s'il y avait urgence, pour un mariage qu'on voulait faire, ou pour quelque charge qu'on voulait acheter, on vous brochait une généalogie, bien prouvée, qui faisait que la race dont vous étiez issu, remontait pour le moins jusqu'à saint Louis, ou même à Charlemagne. C'était selon l'arrangement et la somme. Une *charte à la croix*, un carré de peau de mouton, signé d'un Génois, d'un Juif, de deux écuyers, vous faisait des guerres d'outre-mer contre les Sarrasins; un sceau de cire jaune ou verte, une bulle de plomb vous rattachait à quelque famille mérovingienne ; ou par une médaille trouvée dans quelque champ ou sépulcre, vous remontiez d'un trait aux races romaines et consulaires.

Dès que vous aviez vos parchemins en règle, vous vouliez jouir de vos droits, bien entendu, et de tous ceux que vous aviez acquis, comme je viens de le dire, à beaux deniers comptants, quel était celui qui vous tenait le plus au cœur et dont vous étiez le plus jaloux? c'était celui d'avoir avec vos égaux d'hier impunément de l'impertinence.

J'ai lu dans un factum tiré d'une liasse poudreuse, le récit d'une querelle des plus bizarres et aussi des plus violentes que Choudieu, qui n'était encore qu'avocat et mandataire de je ne sais quel seigneur ou baron du côté de Briollay, eut à la chasse avec un gentilhomme du bois que je viens de dire.

Le noble voulut sur ma foi, donner des coups de bâton au petit avocat; mais Choudieu n'était pas d'humeur à l'endurer, et de là un procès dont le scandale retentissait encore au moment de la révolution.

Je laisse à penser si Choudieu saisit avec ardeur l'occasion de se venger. Mais ce dont il se plaignait était arrivé à cent autres. Ce n'était partout que scènes de ce genre. La cour qui avait besoin d'argent, vendait à qui en voulait, et même au rabais, ses *savonnettes*. Elle débarbouillait de sots roturiers, qui n'en étaient que plus sots et plus vains quand on leur donnait le pain bénit et qu'on les encensait à l'église; tout cela n'eût fait que pitié, s'il n'en était chaque jour résulté de plus lourdes charges pour le peuple.

Quand par hasard dans une ville de province, loin de Marly et de Versailles, on rencontrait un évêque, on se mettait à genoux, et de ses deux doigts tendus il vous donnait sa bénédiction. J'ai vu dix fois ainsi des dévotes qui s'agenouillaient avec précipitation, implorant la faveur insigne d'un regard de monseigneur. C'était le vicaire de Dieu, c'était le Dieu incarné; la terre et les cieux lui devaient hommage.

La primitive Eglise était bien loin.

Las d'un faste si cher, on supprima les dîmes et les prébendes, les commendes, les dispenses et toutes les gentillesses de ce qui n'était plus un apostolat, mais un métier, et quand on toucha à ces reliques, quand on confisqua le temporel au nom et au profit du peuple, il y eut des grincements de dents par toute la prélature, par tout le clergé; le jour où l'on parla de renverser tous les couvents, de vider le réfectoire, il partit de longs hurlements de tous ces réceptacles, et mille bruits étranges furent du nord au midi répétés par les échos.

> « Profaner l'arche sainte, ô crime abominable,
> » Rien que la mort n'était capable
> » D'expier ce forfait ! »

Mais si la mort vint, ce fut à ceux qui l'invoquaient pour d'autres.

J'ai trouvé dans un coffre une certaine lettre qui vaut son pesant d'or, et que je me ferais conscience de garder pour moi seul. Elle sent son froc d'une lieue. C'est en effet un moine qui écrit à un moine ; deux gentils moines blancs, chanoines réguliers de Saint-Victor, qui sont comme on va le voir, en relation bien intime. Rien de caché, rien de perdu. Je recueille tout, je redis tout. Ouvrez les yeux et les oreilles. La lettre est datée de la ville de Boulogne-sur-Mer, en Picardie, près du comté de Ponthieu, le 28 août 1789. Elle est piquante non seulement par la robe des correspondants, mais par le ton qui y règne, les aveux qu'elle renferme et les sujets de mille couleurs qui y sont traités.

Vous imaginiez ces reclus si tristes ; beaucoup l'étaient, pas tous ; il y en avait d'une gaîté folle. La lettre que j'imprime est une réponse ; elle suppose une provocation qui devait être aussi fort drôle, mais que malheureusement je n'ai point lue et dont je ne puis faire le cadeau à mes lecteurs. Les pièces de ce mérite sont des enseignements qui valent mieux cent fois que toutes les réflexions qu'on y voudrait coudre.

Nos deux petits moines sont dans la fleur des ans, et l'on devine, au tour qu'ils donnent à leurs confidences, à leur ingénuité et à leurs rêves, qu'un léger duvet couvre encore leurs joues, et que c'est tout au plus s'ils ont de la barbe au menton.

Je ne changerai pas un seul mot à l'épître. Elle est trop bien écrite pour cela ; je ne pourrais jamais si bien faire. Elle est adressée à un *révérend*, qui vivait bénignement dans une riche abbaye, au sein d'une ville méridionale, et elle fait allusion à toutes les convulsions et à toutes les crises.

Lisez, lisez.

<hr>

Lettre d'un moine sur la Révolution française.

« Ce n'est pas seulement aux Pyrénées, mon cher ami, que l'on a éprouvé des *terreurs paniques*, pour me servir de ton expression ; c'est à Dunkerque, à Strasbourg, à Arras, c'est dans toutes les villes de France. Boulogne aussi, cette cassine insipide, cette ville prétentieuse et ennuyeuse, malgré son haut et bas quartier, sa rivière et son port, et les Anglais qui y viennent pour se sauver de leurs créanciers et se débarrasser de leurs dettes, Boulogne s'est crue assiégée, bloquée, pillée, saccagée, brûlée, parce que sa chétive milice n'était rien moins que dans le cas de faire face à la horde des brigands, qu'on nous pr omettait sans faute le 28 juillet , et qui par bonheur a trompé notre attente.

» Il fallait que les villes se tinssent sous les armes, c'était le projet des meneurs, et pour cela faire le vrai moyen était de semer partout l'alarme. N'est-ce pas qu'on a merveilleusement réussi? Je ne te dirai point qu'en pareille occurrence , j'ai arboré la cocarde distinctive, que je me suis saisi d'un fer meurtrier, que je me suis incorporé à la garnison citoyenne ; cela va sans dire ; moi et mes frères nous ne sommes pas mous, s'il t'en souvient, et puisque nous allions bien à la chasse dans nos terres et domaines, pourquoi ne serions-nous pas propres à faire le coup de feu pour tout de bon, comme ces bons villageois ou citadins qui n'ont pas tous comme nous de si beaux biens à défendre?

» A propos de biens, tu as dû savoir, car c'est chose intéressante, tu as dû savoir, ami, par le canal de Boquet et d'Hébert, qui euxmêmes l'ont appris par Levaillant, qu'on nous menace crûment et fortement d'une prochaine dissolution.

» On ne veut plus de moines, mon frère, on n'en veut plus souffrir. Non, dans ce siècle éventé et pervers, on n'en veut pas pour un diable. On les regarde comme des êtres *poussifs*, oisifs, pour la plupart , à charge à l'Etat, périlleux aux familles et sentant la superstition d'une lieue.

» Est-ce là leur portrait? est-ce leur lot? N'y a-t-il pas des exceptions sans nombre? Mais à quoi sert d'examiner si ces messieurs les censeurs, les gazetiers, les tribuns et les politiques ont sujet de nous traiter aussi défavorablement; s'ils ont le droit de toucher à nos propriétés? Je ne me dissimule pas que nos affaires sont sales ; on nous jugera sans nous entendre ; notre titre de *chanoine* , assez insignifiant, si l'on est de bon compte , ne nous sauvera nullement du cataclysme ; il nous faudra périr, comme les capucins indignes et toute la séquelle monacale.

» Et note qu'après une pareille déconfiture, il nous faudra renoncer aux fonctions du sacerdoce ou plier sous le joug de *l'ordinaire*, autant vaut dire sous le fouet des nègres; de ces nègres pour qui je me sens une antipathie insurmontable.

» Cependant, mon ami, considère bien cela, nous ne sommes pas forts en fait de saint ministère , et la nécessité d'achever nos études est en quelque sorte absolue. La poussière des séminaires, la société d'êtres crasseux et dégoûtants, les doléances de l'insipide cagotisme, sont donc l'aimable perspective que nous avons, toi et moi, sous les yeux. Heureusement que, pour mon compte, il me restera peu de jours à passer dans ce dur esclavage, et que je me promets de caponner de mon mieux des magots avec lesquels il n'est pas permis d'user de franchise.

» O doux manteau de l'hypocrisie, que tu es salutaire et secourable!
Il faut bien se tirer comme on peut des griffes de l'ogre et jouer au
fin quand on n'est pas le plus fort.

» Quant au temps qui suivra mon ordination, il est assez probable
que je l'emploierai saintement à vicarier chez un confrère, bien entendu ; chez un de nos pères défroqués, mais indulgent, gracieux,
jovial, et tout à fait comme je les aime. Or, avec le revenu du vi-
cariat, les cent écus de ma famille et le traitement que nous fera le
gouvernement (on parle de 1,200 fr.), serai-je un mortel si digne de
compassion? Ne pourrai-je pas attendre patiemment un bénéfice?
que t'en semble ?

» Mais, je le comprends, la jaquette noire t'offusque. Nous assimi-
ler à un tas de prestolets! Ah! crois-moi, préjugés d'enfance que
tout cela ; va, va, la jaquette ne change rien à la manière de voir et
de sentir. L'homme est toujours le même sous quelqu'habit que ce
soit, et une nature forte ne s'effarouche pas de ces vaines lésions.

» A t'entendre, vas-tu t'écrier, l'histoire de notre suppression est
donc certaine?

» — Vraiment oui, très certaine ; j'ai des motifs d'en parler de la
sorte. Nous avons ici des nouvelles promptes de tout ce qui se fait
et se *pétrit* à Versailles. Le four chauffe et nous sommes flambés ;
prends la chose au sérieux ; nous sommes ce qui s'appelle occis. Tu
n'as qu'à, cher ami, toi qui es poète et des plus tendres, tu n'as qu'à
monter ta lyre et en tirer des sons touchants en forme d'adieux, au
gentil pays de Foix et aux beautés si appétissantes qu'il recèle. Dis
bonsoir, bonsoir pour jamais à tes nymphes bocagères, à tes ruis-
seaux, à leur onde murmurante, à tes oiseaux mignons et gazouil-
lants, à tes nayades, dryades et orcades ; que les échos répètent lan-
guissamment tes stances plaintives et tes rimes élégiaques, car je ne
doute pas qu'une séparation, lorsqu'elle a lieu dans l'état où tu te
trouves, après tant de sacrifices faits au dieu d'amour, ne soit un
dur casse-tête, un rude crève-cœur. Dam ! aussi voilà ce que c'est,
vous au'res *Espagnols*, vous autres voisins de la Péninsule ibé-
rienne, vous avez le sang qui brûle comme la zône que vous habi-
tez, et vous êtes ardents comme les braises de l'Etna. Si, comme
nous, vous étiez campés sur les plages hyperboréennes, vous seriez,
je vous le jure, et plus froids et plus calmes ; vous ne songeriez
point à conter fleurette aux bergères d'alentour, attendu qu'il n'y
aurait point sur vos pas de bergères vagabondes ; ou que si par hasard il s'en trouvait, elles seraient si hâlées, si ridées, si fripées, que
vous les tiendriez pour des sorcières et n'auriez pas de presse à faire
à leurs oreilles roucouler votre chalumeau.

» Il y a pourtant ici..., mais avant de pousser plus loin ma confi-
dence, avant de te faire sans feinte ma confession, il faut que tu

me dises, ami, s'il n'y a point de danger pour cette correspondance. Je ne perds pas de vue que là bas, tu touches presque à l'inquisition. Rien que le nom m'en donne la chair de poule. Ces dominicains ne valent pas nos augustins. Je serais bien avancé, si quelque gaudriole ou quelque mot un peu philosophique, m'allait livrer ès-mains du saint office! Oh! parbleu, serviteur, je ne veux point tâter de l'auto-da fé. Renseigne-moi donc par ta prochaine; apprends-moi si les chemins sont sûrs, et ne souffre pas que ton fidèle condisciple appréhendé au corps par des caffards, tombe en novice dans un guépier. »

Que dites-vous de ce morceau? Tout étendu qu'il était, je n'en ai pas voulu retrancher une syllabe. Tout y est peint au vif, et l'on sait maintenant ce que c'était que les moines; comme ils aimaient le plaisir, même défendu; comme ils méprisaient le clergé séculier; comme ils s'en donnaient à cœur joie, malgré les vœux et la clôture, et comme, en bonne conscience, ils méritaient le sort que les décrets de l'Assemblée nationale allaient leur faire subir à tous.

C'était une lèpre qui avait pris racine au troisième siècle et qu'on extirpait au dix-huitième, c'était une bête vorace que nul n'était fâché de voir détruire. Quand elle fut abattue, on en rit et l'on excusa le mot de La Fontaine. Le couvent des Augustins, dans une question avec le parlement, soutenait un siége contre les archers. On se lançait des pierres, on se tirait des coups de fusil. Un des amis du fabuliste le rencontra sur le pont Neuf, courant du côté de la bagarre et lui demanda où il allait si vite : « Je vais voir tuer des « Augustins! »

DÉTAILS

DONNÉS PAR CLÉMENCEAU A PERROCHEL, SUR LES MASSACRES
DE SEPTEMBRE 1792.

—

1er *septembre.*

Paris a les yeux sur Verdun. De l'issue du siége dépend le sort de
la France (1).

Voyons ce qui arrive aux premiers jours du mois de septembre.

Le pouvoir est à la Gironde, et Robespierre veut le lui arracher.

Robespierre qui n'a jamais pu souffrir Brissot, Buzot, Vergniaud
et tout le parti ; qui les calomnia en toute rencontre, s'élève de nouveau contr'eux avec violence, et les événements servent sa haine.

Dès le matin du 1er septembre, le bruit se répand à Paris que
Verdun bloqué, dépourvu de tout, ne peut longtemps résister à
l'ennemi.

Roland, ministre de l'intérieur, fait placarder dans Paris l'avis
suivant :

« Lève-toi dans ta force, lève-toi toute entière, nation française ;
» voici l'heure du combat ; que ce soit l'heure de la victoire ! »

Le soir, au conseil général de la Commune, les jacobins disent
hautement que les dangers de la patrie sont moins le fruit des complots de Louis XVI que des intrigues de *quelques hommes* auxquels
le peuple trompé croit du patriotisme.

A l'Assemblée nationale, Robespierre monte à la tribune, afin de

(1) J'ai tout un volume sur le siége de Verdun, je le publierai à
part, tout y est appuyé de pièces authentiques.

s'expliquer plus clairement : « Personne donc n'ose nommer les
» traîtres? Eh bien! moi, pour le salut du peuple, je les dénonce
» ouvertement; je dénonce Brissot, la faction de la Gironde, la scé-
» lérate commission des 21 ; je les dénonce pour avoir vendu la
» France à Brunswick, et pour avoir reçu d'avance le prix de leur
» lâcheté. »

— « Le lâche, c'est toi! le traître, c'est toi. » Toute la gauche se
lève.

— « A demain les preuves! » s'écrie Robespierre. Mais les massacres, dirigés par les Cordeliers, vont le dispenser de tenir sa pro-
messe.

2 septembre.

On lit sur les murs de Paris :
« Aux armes, citoyens, aux armes! l'ennemi est aux portes! »
Signé HUGUENIN, président de la Commune; TALLIEN, secrétaire.

On sonne le tocsin aux Cordeliers. Le peuple dit : « C'est la prise
» de Verdun. »
— « Non, crie Danton, c'est le signal de la mort des despotes. »

A l'Assemblée nationale, Gosselin, secrétaire, lit une lettre du
conseil défensif de Verdun, datée du 31 août au soir. Ce conseil envoie une sommation faite à la ville par le duc de Brunswick.

Le duc généralissime déclare que LL. MM. impériale et royale
n'ayant d'autre intention que de rétablir sous la domination de
S. M. Très Chrétienne, le roi de France, les villes et pays que cou-
vriront leurs armées, les places et les habitants qui ne se rendront
pas, seront soumis à toutes les chances des opérations militaires, à
la discrétion des chefs et à la fureur du soldat.

Cette sommation est datée du camp de la *Grand-Bras,* le 31 août,
à 7 heures du matin. Elle a été apportée, ainsi que la lettre du conseil de défense, par un courrier extraordinaire qui n'est autre que
Desmazières , volontaire du bataillon de Maine et Loire (4ᵉ compagnie.)

Desmazières est jeune et brave, mais chargé d'embonpoint; il ne peut aller à pied, et, par exception, il suit le bataillon à cheval, et sert en quelque façon d'aide de camp ou d'ordonnance à Beaurepaire.

Gosselin l'introduit dans la salle, et l'engage à dire ce qu'il sait :
« Je sais, dit le volontaire, que la garnison de Verdun a juré de se
» conformer à la résolution que prendrait la garnison de la cita-
» delle. La citadelle est gardée par le premier bataillon de Maine et
» Loire qui a déclaré qu'il périrait jusqu'au dernier plutôt que de
» songer à se rendre. »

La salle retentit d'applaudissements (1).

Thuriot, à la tribune :
« Verdun est assiégé ; il s'agit de savoir si une armée est là pour
» le secourir.

» Si nos armées ne sont pas assez fortes, il faut prendre des me-
» sures pour que tous les citoyens s'organisent en bataillons, et
» marchent à l'ennemi. »

Oui ! oui ! Nouveaux applaudissements.

Mais Thuriot ne se borne pas à cette motion. Il trouve que la *Commune de Paris* a trop peu de membres ; ses immenses travaux exigent un accroissement ; en 1789 il y avait 300 électeurs-administrateurs, et lui, Thuriot, en était un. On ne s'occupait alors que des trames de Versailles. Aujourd'hui qu'il s'agit des complots de tous les rois de l'Europe, il faut que la représentation de la Commune soit en proportion des besoins nouveaux.

Cette motion est une arme à deux tranchants. Elle plaît à Robespierre ; elle déplaît à Danton. Elle tend à augmenter la force de la Commune pour l'opposer à l'Assemblée ; mais en appelant à cette Commune de nouveaux membres, elle divise le pouvoir des commissaires du 10 août, elle change la majorité de place ; et le décret que Thuriot propose, loin de passer tout de suite, n'est enlevé qu'à la faveur des troubles de la journée.

Proclamation de la Commune de Paris.

—

Citoyens, l'ennemi est aux portes de Paris. Verdun, qui l'arrête, ne peut tenir que huit jours. Les citoyens qui le défendent ont juré de mourir plutôt que de se rendre ; c'est vous dire qu'ils vous font un rempart de leur corps.

(1) Je donne plus loin la lettre que Desmazières écrit à son père pour lui rendre compte de sa mission.

2

Il est de votre devoir de voler à leur secours.

Citoyens, marchez à l'instant sous vos drapeaux ; allons nous réunir au Champ-de-Mars ; qu'une armée de soixante mille hommes se forme à l'instant.

Allons expirer sous les coups de l'ennemi, ou l'exterminer sous les nôtres.

Le maire et des membres de la Commune publient au son de la caisse cette proclamation sur les quais et les places publiques.

Le rappel bat dans tous les quartiers, et le peuple est au Champ-de-Mars, où l'on forme des bataillons qui, à défaut de fusils, sont armés de piques.

On part pour le camp de Soissons.

On ôte en route les mousquetons aux cavaliers pour en armer les fantassins.

Nantes a envoyé des canons ; le Havre de même ; on emploie les chevaux de poste à les conduire à l'armée.

On apprend que Dumouriez, Biron et Kellermann font des dispositions pour occuper et défendre les gorges du Clermontois.

Les imprimeurs de Baudoin s'enrôlent pour les frontières.

L'Assemblée nationale décrète :

1° Que tous ceux qui refuseront ou de servir personnellement, ou de remettre leurs armes à ceux qui marcheront à l'ennemi, seront déclarés infâmes, traîtres à la patrie, et dignes de la peine de mort.

2° Que seront soumis à la même peine ceux qui, directement ou indirectement, refuseront d'exécuter ou entraveront de quelque manière que ce soit les ordres donnés et les mesures prises par le pouvoir exécutif.

3° Que douze commissaires, pris dans le sein de l'Assemblée, seront nommés sur-le-champ pour se réunir au pouvoir exécutif, et appuyer ses mesures.

Vergniaud arrive au moment où ce décret était rendu, et, s'élançant à la tribune, il dit : « Je voudrais qu'on pût signaler cette espèce à figure humaine et sans âme ; en réunir tous les individus dans la même ville, à Longwy, par exemple, qu'on appellerait la ville des lâches, et que là, devenus l'opprobre de la nature, mais rassemblés et proscrits, ils délivrassent les bons citoyens d'une peste bien funeste d'hommes qui sèment partout les idées de découragement, étouffent les vues de civisme, se figurent des monstres où il n'y a que des femmes, prennent des nains pour des géants, la poussière qui vole devant une compagnie de houlans pour des bataillons armés, et désespèrent toujours du salut de la patrie.

» Que Paris se montre aujourd'hui dans toute sa grandeur ; qu'il déploie son énergie, qu'il résiste aux terreurs paniques, et la victoire bientôt couronnera nos efforts.

» Hommes du 14 juillet et du 10 août, c'est vous que j'invoque. Oui, l'Assemblée nationale peut compter sur votre courage.

» Où sont les travaux du camp ? où sont les pioches, les bêches ?

» Parisiens, vous en aviez pour élever l'amphithéâtre des fêtes civiques ; reprenez-les pour creuser des fossés, élever des redoutes.

» Robespierre, Danton, Marat, ont demandé des commissaires pour exhorter les citoyens à aller piocher et combattre. Et moi je dis : ce n'est pas assez. Il faut des commissaires au nombre de douze, de vingt, de trente, pris dans l'Assemblée, pour aller chaque jour piocher eux-mêmes, et concourir aux travaux du camp sous Paris. »

Cette motion excite un vif enthousiasme. Elle est adoptée, et douze députés partent avec les citoyens qui de toutes parts les joignent, et les suivent en criant : à bas les tyrans ! vive la nation !

On crée en outre dans l'Assemblée un comité militaire. Carnot et Dumas en font partie.

Carnot fait connaître l'état des forces présentes : 100 mille hommes de troupes de ligne, 300 mille volontaires.

Dumas fait adopter un réglement pour la distribution de ces forces et pour la création de deux corps de *hussards de la liberté*, de 400 hommes chaque.

Barthélemy, chimiste, reçoit une somme pour avoir amélioré et accéléré la fabrication des poudres.

Danton (ministre de la justice) annonce (le 2 septembre) que Verdun n'est point encore au pouvoir de l'ennemi.

Biron écrit : « J'ai une colonne de 15,000 hommes que j'organise » pour venir s'il le faut au secours de Paris. »

Seconde proclamation de la Commune de Paris.

Le procureur de la Commune ayant annoncé les dangers pressants de la patrie, les trahisons dont nous sommes menacés, l'état de dénuement de la ville de Verdun, assiégée en ce moment par les ennemis et qui, avant huit jours, sera peut-être en leur pouvoir ;

Le conseil général arrête :

1º Les barrières seront à l'instant fermées.

2° Tous les chevaux en état de servir à ceux qui se rendent aux frontières, seront enlevés sur-le-champ.

3° Tous les citoyens se tiendront prêts à marcher au premier signal.

4° Tous les citoyens qui, par leur âge et leurs infirmités, ne peuvent marcher à l'heure même, déposeront leurs armes à leur section, et on en armera ceux des citoyens peu fortunés qui se destineront à voler aux frontières.

5° Tous les hommes suspects ou ceux qui par lâcheté refuseront de marcher, seront à l'instant désarmés.

6° Vingt-quatre commissaires de la Commune se rendront sur-le-champ aux armées pour leur annoncer cette résolution, et dans les départements voisins pour inviter les citoyens à se réunir à leurs frères de Paris et à marcher avec eux à l'ennemi.

7° Le comité militaire sera permanent ; il se réunira à la maison commune, dans la salle ci-devant de la Reine.

8° Le canon d'alarme sera tiré à l'instant, et la générale sera battue dans toutes les sections pour annoncer aux citoyens les dangers de la patrie.

9° L'Assemblée nationale et le Pouvoir exécutif seront prévenus de cet arrêté.

10° Les membres du conseil général de la Commune se rendront sur-le-champ dans leurs sections respectives ; ils y annonceront les dispositions du présent arrêté, ils peindront avec énergie à leurs concitoyens les dangers imminents de la patrie, les trahisons dont nous sommes environnés ; ils y représenteront avec force la liberté menacée, le territoire français envahi ; ils leur feront sentir que le retour à l'esclavage le plus ignominieux est le but de toutes les démarches de nos ennemis, et que nous devons, plutôt que de le souffrir, nous ensévelir sous les ruines et ne livrer nos villes que lorsqu'elles ne seront plus qu'un monceau de cendres.

11° Le présent arrêté sera sur-le-champ imprimé, publié et affiché.

Signé HUGUENIN, président.
TALLIEN, secrétaire-greffier.

— — — —

Les vingt-quatre commissaires de la commission partent pour les départements et les armées.

Les autres membres vont à leurs sections, et n'y parlent que de vengeance contre les ennemis du dehors et du dedans !

On crie de toutes parts : « A mort les rois ! à mort les prêtres ? »

———

Les gendarmes de Paris quittent leurs casernes, ils traversent la ville, et admis à l'Assemblée nationale, ils demandent à voler à l'instant même aux frontières.

Carnot dit : Des ateliers sont créés à Meudon, pour y faire des canons, des affûts, des boulets.

Trois commissaires de l'Assemblée sont envoyés pour surveiller et accélérer l'organisation de l'armée sous les murs de Châlons. Ils vont se rencontrer avec les commissaires de la Commune.

Le *pouvoir exécutif* a dit aux bataillons qui partent non armés : « Suivez le mouvement des troupes, et quand il y a des morts prenez leurs fusils. »

On apprend qu'il est formé un camp de grenadiers à Lauterbourg.

Danton, qui était allé à la Commune, revient à l'Assemblée et s'écrie : « On va sonner le tocsin, mais ce n'est pas un signal d'alarme ; c'est la charge sur les ennemis. »

(On applaudit.)

« Pour les vaincre, Messieurs, il nous faut de l'audace, encore de l'audace, toujours de l'audace, et la France est sauvée. »

(Trépignements de joie civique.)

Des femmes admises à la barre, demandent qu'on élargisse les prisonniers pour dettes et qu'on punisse les traîtres.

La nuit commence.

Fauchet, député, évêque du Calvados, entre et crie de son banc : « Deux cents prêtres viennent d'être égorgés aux Carmes. »

L'Assemblée nomme des commissaires pour aller calmer le peuple.

Des *citoyens* sont introduits, et demandent que tous les *bourgeois*, indistinctement, soient tenus de partir.

Des Marseillais, qui obtiennent la parole, ne veulent plus qu'on dise : Vive la nation ! mais : Sauvons la nation !

On décrète que les citoyens qui ne partiront pas donneront leur fusil et leur habit de garde national aux citoyens qui partiront. Dix fois, sous différentes formes, ces dispositions sont arrêtées, et toujours il y a des gens qui les éludent et qui, sans partir, restent armés.

Il fait nuit. La salle est mal éclairée. On entend la générale et le tocsin. Les députés entrent, sortent, se parlent bas, s'agitent. Les ministres paraissent et s'en retournent. Un garde national annonce à haute voix que les commissaires n'ont pu calmer le peuple et qu'il faut d'urgence d'autres mesures.

En effet, Bazire et Dussaulx, envoyés à l'Abbaye, n'ont rien pu faire. Ils ont parlé sans être entendus ; ils se sont retirés. *La nuit les a empêchés de voir ce qui se passait !*

Thuriot, envoyé à la Force, n'a rien fait non plus, rien pu empêcher, rien vu même !

Ainsi tous vont, parlent, ne font rien, disent que dans l'ombre ils n'ont rien su voir !

Roland, qui est ministre de l'intérieur, qui a la police, qui répond du salut de l'empire, Roland parle, écrit et ne fait rien.

Péthion ne sait rien, ne voit rien, ne fait rien.

Odieux pouvoir qui ne sait, ni ne protège, ni n'ordonne, ni ne veut rien peut-être !

C'était là que la Gironde devait vaincre ou mourir.

Il fallait vaincre l'ennemi, le double ennemi : de la frontière et de Paris. L'énergie du peuple, il fallait avoir le cœur de ne l'employer qu'au combat, non au meurtre. Il fallait courir en masse, tous, aux prisons et tuer les égorgeurs, leur arracher des mains la torche et le sabre.

O Dieu ! ô mon Dieu ! quel événement ! quel bonheur ! quelle gloire ! Il y avait la Commune, il fallait l'écraser ; il y avait Panis, Sergent, Tallien, Danton, Marat et tous ces monstres, il fallait appeler le peuple au nom de la liberté et de la pitié, au nom de l'humanité, dont il connaît la voix quand il l'entend, il fallait écraser et étouffer les tigres et sauver la patrie.

Ce que je dis à Vergniaud, à Brissot, à Guadet, à Viger, à toute cette faction tergiversante et bête, Tallien le fit deux ans plus tard et fut vainqueur !

Je hais la Gironde, à cause même de ses beaux sentiments qui ont été vains ; à cause qu'elle s'est laissée traîner à la remorque des Jacobins, des Cordeliers, de Cloots, des Robespierre, et que pour les dominer elle a cru, que sans agir à propos jamais, il suffisait de criailler plus haut qu'eux.

Elle en a été punie et j'en suis bien aise. Elle a eu ce qu'elle a mérité ; périssent tous ceux qui, ayant en eux la vue du bien et en main le pouvoir, ne font que le mal ou le laissent faire, ce qui est encore plus lâche !

Oui, mon Dieu, s'il y a choix, je préfère le crime à la lâcheté.

Nous sommes au 2 ; rappellez-vous le ; il est onze heures du soir. On tue toujours les prisonniers.

Et toujours à cause de Verdun !

Verdun est le nœud de ce drame infernal.

Beaurepaire et le bataillon sont en vue de Paris, de la France et de l'Europe.

Il vient un courrier d'Orléans. Là aussi sont des prisonniers ; le peuple les menace. Gensonné demande qu'on les conduise à Blois, dans le château.

Un membre dit : « Le château est trop faible. »

« Eh bien ! dit Gensonné, envoyez à Saumur. »

Décrété pour Saumur, mais non exécuté.

3 septembre.

—

Le calme règne au Temple. Un ruban tricolore, mis autour des murailles, a suffi pour arrêter le peuple.

A une heure et demie, Truchot paraît à l'Assemblée. C'est un commissaire de la Commune. Il dit gravement : « *Les prisons sont* *vides ;* quatre cents prisonniers ont péri. »

Guiraud ajoute : Dans chaque prison il y a douze juges, élus du peuple, et pris dans son sein. Ils sont assis entre les deux guichets· Ils ont le livre d'écrou et font l'appel. Quand ils disent d'un prisonnier : *élargi*, on pousse le malheureux par les épaules, il passe la porte et tombe sous le sabre et les piques des *éventreurs*.

Des femmes sont autour, qui chantent, qui rient, qui mangent. On a ses places retenues, sur les bornes, les marches, les boutiques.

Le sang coule dans le ruisseau. On en a ses bas teints, ses souliers remplis. On n'y pense point. On fait justice des traîtres.

On frappe les *dix août*, ceux qu'on a pris et enfermés ce jour-là. On tue les fabricateurs de faux assignats et les prêtres. On sauve quelques nobles qui ont fait bonne contenance ; des journalistes qui ont plaisanté leurs juges ; des femmes qui ont juré ou pleuré ; car il y a des mystères du cœur humain qui ne se peuvent dire !

Quand on sauve un prisonnier on crie : Vive la Nation !

Quand on l'assomme, de même.

On porte à la Commune, où un dépôt est établi exprès, les louis d'or et l'argent qu'on trouve sur les cadavres.

Un homme qui volait a été tué par le peuple et déchiré par les femmes.

Monot, dans la rue Dauphine, sauve l'abbé Sicard, et l'Assemblée décrète qu'il a bien mérité de la patrie !

On avait fait courir le bruit de l'évasion des prêtres, et c'est alors que le peuple a couru aux prisons.

On voulait tuer Jouneau, le député (du côté droit), mais il place sur sa poitrine le décret d'inviolabilité des représentants, et il est reconduit à sa porte en triomphe.

M. d'Affri, le major des Suisses, montre un front serein et parle d'un ton mâle. Il est porté chez lui comme un héros.

On coupe la tête de la princesse Lamballe, qui était à la Force. Deville (Alberic) l'a vue. On porte cette tête au bout d'une pique ; on la met devant les croisées du Temple, et ces yeux de sang frappent les yeux de la reine, son amie !

Mme de Tourzel et d'autres dames de Marie-Antoinette sont sauvées par les commissaires de la Commune.

Mme de Saint-Brice est sauvée.

L'abbé Salomon ; Duveyrier, secrétaire du sceau ; Guillaume, notaire, sont sauvés.

Saint Méard, l'écrivain, qui fait la feuille de la cour et de la ville, est sauvé par son juge qui refuse de l'argent et n'accepte qu'un verre d'eau-de-vie.

Mme de Staël, fort inquiétée, et dont la tête aussi tenait peu sur les épaules, obtient un passeport de Tallien et va rejoindre Necker à Coppet.

———

P.-S. Dans la poche d'un abbé, qui a été tué aux Carmes, on a trouvé un papier sur lequel étaient diverses notes, entr'autres celle-ci : « M. le duc de Chartres, fils aîné du duc d'Orléans, va deux » fois par semaine à l'Hôtel-Dieu, pour y voir les malades ; il s'oc- » cupe à les soulager, en aidant les élèves d'Esculape, qui se moquent » de lui ; il est dans le sens de la révolution, marchant sur les tra- » ces de son père, étant, pour le moins, aussi enragé que lui. »

Les enragés sont les prêtres. Ils dénaturent tout. Les bonnes actions seraient, à les en croire, des sottises.

Le fait est que le jeune duc qui fait le service d'auxiliaire à l'hôpital, est reçu comme un *bon camarade* par les internes et qu'il est comblé de bénédictions par les malades. Je ne suis pas là suspect de flatterie, tu le sais, car s'il est un homme pour lequel j'aie mille défiances, sans nulle sympathie, c'est le père.

———

Lettre de l'abbé Gandon à M. Brisson, curé de Morannes.

—

« La volonté de Dieu soit faite. »

Ah ! mon cher curé, Monsieur Brisson, mon pauvre Job et Morannais, que sommes-nous sur la terre et quelle est sur nous la volonté du ciel?

Que vient-il de se passer? rêvé-je? est-ce bien moi qui vis et qui respire et qui vous peux écrire en ce temps d'expiation et de deuil?

Oui, j'expie mes fautes! oui, j'ai péché contre la divine Providence, et quand je suis entré dans les ordres j'ai été loin de comprendre toute la sainteté de notre ministère. On me disait: apprends le latin et fais-toi prêtre, pour arriver à un bon bénéfice et jouir de tous les trésors de la création. J'ai marché dans cette voie de ténèbres, et j'ai épuisé toutes les coupes du faux plaisir. Je vous quittais pour suivre à Paris des gens de qualité, et dans cette grande ville il n'est sorte de délices dont je ne me sois abreuvé; délices menteurs! pernicieuses voluptés! Je m'en confesse à vous, mon père, et j'accepte pour pénitence tous les maux qu'il m'a fallu, depuis six mois, endurer et souffrir.

Rebelle à la loi, comme ils disent, je me suis caché chez une ouvrière qui venait tous les jours à ma messe et qui paraissait avoir une grande dévotion à la vierge. Cette fille avait sa tante, dévote comme elle et borgne par dessus. Toutes deux raccommodaient la dentelle, rue de la Lune, dans une maison peu en vue et dans une chambre écartée, au bout d'un long corridor. Un petit cabinet était tout auprès, et c'était là que j'étais réfugié, n'ayant tout le jour qu'un toit en perspective, et m'amusant, quand je ne disais pas mon bréviaire, à regarder les chats qui grimpaient pour prendre, non pas des souris, mais des moineaux. Les chats et les Jacobins ont de la ressemblance; aux uns, il faut du sang et de la plume; aux autres, des échafauds et des panaches. Le soir, je sortais avec la tante et la nièce; nous allions dans les quartiers éloignés, vers la place Royale, prendre un peu l'air, et puis, le dimanche et les jours de fêtes, je célébrais la messe pour quelques bonnes âmes, tant hommes que femmes, qui, par leurs dons, pourvoyaient à mes besoins.

Je n'étais point malheureux, et ne me plaignais pas dans ma retraite où rien ne pouvait me troubler. Mais, hélas! un démon incarné, l'amour, ou ce qui lui ressemble, vint mettre fin à ma quiétude. Cette dentellière se prit pour moi d'une passion fatale; sa dévotion n'empêchait pas ses désirs coupables de la consumer; c'est ce qu'elle me fit entendre par des regards que je ne compris pas d'abord, mais par des paroles aussi qu'elle y joignait et qui ne purent bientôt me laisser de doute.

Écouter et trembler, fut pour moi une même chose. Il faut vous dire que cette fille était laide comme un péché capital; couturée, chassieuse. A ses aveux je me sentis en sueur comme après une grosse fièvre, et je pleurai comme un enfant; puis, me remettant un peu, j'essayai de rehausser le cœur de cette femme, et de la détourner de son dessein; mais son parti était pris et elle n'avait pas fait cette démarche, sans en calculer les conséquences. Mes exhortations furent traitées d'insolences, ma continence d'hypocrisie; mes refus pieux, de dédains impardonnables, et pour tout dire, à cinq jours de là, je voyais entrer dans mon cabinet maudit, trois hommes de police qui, me saisissant et m'emmenant, sans s'inquiéter de mes supplications, me jetèrent aux Carmes de la rue de Vaugirard, lieux saints transformés en prison et où je me trouvai en nombreuse compagnie.

C'était le 2 septembre au matin, mais je n'y languis pas, et dès le soir, je ne puis vous raconter le détail de tout ce qui se passa. Il y avait des évêques, il y avait des abbés, des moines, des prêtres de tous les rangs et de tous les âges; j'étais avec eux dans les bâtiments et dans l'église, sans oser leur parler, et eux à moi, quand tout à coup vers la brune, on nous ouvre les portes, on nous crie : *Sortez !* et nous sortons, nous voilà dans les cloîtres et dans les cours, et un bruit étrange se fait entendre; on tire sur les premiers, puis sur les seconds, puis nous cherchons à nous sauver dans le jardin, derrière les buis, les poiriers et les fleurs ; tout tombe et meurt autour de moi, et j'ignore absolument par quel miracle à minuit sonnant, je me trouve en chemise, les bras rompus, les mains en sang, blessé à la tête et à la jambe ; je me trouve, dis-je, dans un petit parterre étroit, couvert, où j'ouvre les yeux, glacé que j'étais, et n'entends plus rien, que de temps en temps quelques soupirs lointains, apercevant aussi dans l'air, je ne sais quelles lueurs qui me semblaient celles de l'enfer.

Je restai là couché plus d'une heure, puis je me redressai sur mon séant et regardai autour de moi. Il y avait à deux pas une petite porte et à côté une fenêtre, mais point de lumière et rien qui me pût faire soupçonner qui était là. Cependant si l'on me découvre ainsi quand le matin va venir, on me prendra encore et on m'achèvera à coups de fusil ou à coups de sabre. Je me rappelais confusément les horreurs de la veille, et pour bander mes plaies je déchirais ma chemise et ne gardais sur moi que ma culotte et mes bas, car je n'avais plus de souliers.

Au risque de mourir, je recommande mon âme à Dieu et dis l'oraison de saint André, mon patron, le conjurant d'intercéder pour moi le Très-Haut et la sainte Vierge, et alors, plus tranquille, je frappai légèrement du doigt aux vitres de la fenêtre. On ne répondit rien et je fus là encore une heure bien indécis. A la fin, et le jour allant venir, qui me trahirait, je frappai une seconde fois et une voix, tout effrayée, cria de l'intérieur : Qui va là ?

— Un infortuné qui est à genoux et qui se confie à votre charité.

Je n'avais pas achevé ces mots que la fenêtre s'ouvre et qu'une voix de femme me questionne : « Qui êtes-vous? comment ici? « Est-ce un voleur? au secours!....

— Grâce, grâce.... et silence.... ma chère dame !

Mes plaintes et ma misère produisent leur effet. La dame s'enveloppe d'une longue mante à gros plis, et faisant jouer la serrure de la porte : « Entrez et expliquez-vous vite , ou bien j'appelle pour » vous faire arrêter. »

Je récite alors mot pour mot l'histoire que vous savez; je reprends en bref ma naissance, mon voyage, mon séjour à Paris , ma cachette rue de la Lune, et quand j'arrive à la trahison de l'ouvrière : « Ah ! l'infâme ! » s'écrie la dame, et ce mot seul me fait bondir le cœur d'espérance. Elle me prend les mains et me dit : « Couchezvous ! et comme je voulais résister, elle répéta d'un ton impérieux :

Couchez-vous ! » Moi je me couche, dans son lit même, sans elle, mon ami, sans elle; et le croiriez-vous, après tant de secousses et une si affreuse lassitude, je ferme les yeux et m'endors.

Des songes bienfaisants me bercent dans mon sommeil, et quand je me réveille, il fait grand jour. La dame est assise près du lit et tout habillée, une jupe bleue d'indienne, un casaquin blanc, une ceinture tricolore et un joli bonnet avec une cocarde.

Jugez de ma surprise et de mon anxiété !

« Le hasard est grand qui vous a fait tomber chez moi, me « dit-elle.

» — Grand et heureux !

» — Quel âge avez-vous !

» — Trente ans.

» — Et prêtre ?

» — Prêtre.

» — Il faut ne plus l'être et m'épouser.

» — Moi ?

» — Vous ! »

J'étais muet de stupeur.

« — Il faut m'épouser, reprit-elle , et par là expliquer comment » vous êtes chez moi. Vous y avez couché... mon honneur.... mon » amour....

» — O ciel ! que dites-vous là?.... plutôt mille fois la mort.

» — Ah ! malheureux jeune homme ! savez-vous qui je suis? où » le sort vous amène? je suis une des trois femmes que les fédérés » du 10 août ont couronnées du chêne civique... Il y a Théroigne, » Reine-Aude et moi; je suis Lacombe, la plus fière des trois, la » plus patriote, mais aussi la plus tendre.... je vous ai sauvé, je » vous aime. Jamais mon cœur n'a parlé que pour vous et vous

» serez heureux, j'en jure par la liberté qui fut jusqu'à présent ma
» seule idole.

» — Je n'ai ni bien, ni rang.

» — Nous sommes tous égaux, et j'ai du bien pour deux.

» — Mais je ne suis plus à moi...

» — Tu aimes déjà ?

» — Oui !... Dieu !... la sainte église.

» — Le fou... renonce à tes sottises pour une femme de cœur et
» de passion qui ne vivra que pour toi.

» — Egarement funeste.... je suis prêtre.... et voici ou jamais
l'heure de m'en souvenir.... le sacrifice est grand.... vous êtes belle
et jeune, mais j'ai juré d'être fidèle à Dieu et je ne puis être à vous.
Soyez à lui plutôt.... âme noble et généreuse.... Lacombe ! écoutez-
moi.... c'est l'ange qui m'envoie.... vous sauvez mon corps.... je
sauverai votre âme.... et briserai l'idole, cette fausse liberté qui
vous aveugle.... la liberté n'est qu'au ciel et en Dieu.... c'est elle
qui m'affermit ; c'est elle qui vous parle.... écoutez sa voix, ouvrez
l'oreille à ses accents , livrez-vous à ses divines leçons, et c'est alors
que vous vivrez d'amour, mais de l'amour épuré des saints et des
vierges, qu'il est digne de vous d'imiter... »

En achevant ces mots je me mis en prières , et quel ravissement
j'éprouvai quand cette femme, tout à l'heure si mondaine et si fière.
quand je la vis qui prie à mes côtés , les mains jointes, les yeux
pleins de larmes !

— « Ah ! oui , s'écrie-t-elle, je renonce à vous, par vous et pour
vous-même. Je me sens pénétrée de vos conseils; mes yeux s'ou-
vrent, mon cœur s'épanouit. J'éprouve un charme et un calme qui
m'étaient inconnus !... Vous ne serez pas mon mari, mais mon
guide.... je remplirai mes jours d'actions pures ; je soignerai les
pauvres, je nourrirai les orphelins, je consolerai les veuves affli-
gées.... Ah ! merci ! merci.... vous êtes mon second père, et j'entre
avec vous dans une vie nouvelle plus glorieuse que l'autre.... »

Voilà ce qui s'est dit et passé. Le pourrez-vous croire ? est-ce un
fantôme qui vous parle et vous trompe ? Ah ! mon vertueux ami, je
ne suis pas un conteur et un faux personnage. Je ne vous dis que la
sainte vérité.... Il faut ajouter foi aux paroles d'un martyr.... je le
suis, je le suis.... j'ai le cœur oppressé de tant de souffrances et de
tant de biens !

Ce Gandon était fils d'un fermier. Deux vieilles filles nobles l'a-
vaient pris en telle affection qu'elles lui donnaient tout leur bien ;
il en usait. Il fut curé de l'Esvière à Angers ; et quand il se fut tiré,

à Paris, des défilés sanglants où nous le voyons ici, il alla trouver madame de Serrant qui était de la maison de l'impératrice Joséphine, et se fit nommer aumônier des pages de Napoléon.

Quant à Rose Lacombe, sa conversion était une plaisanterie. C'était une des plus déterminées septembriseuses : quand l'abbé la trouva, elle venait de rentrer et elle joua la comédie avec ce prêtre, qui probablement pour toute cette scène, ne lève qu'un coin du rideau et ne se pique pas de faire une confession générale.

Lettre de Bodard à Fillon.

Paris, le 3 septembre 1792.

Je veille et j'écris. Mon cabinet est un observatoire. Je plane sur Paris, cette fournaise d'où s'échappe la vie et la mort

Marat voulait qu'on y mît le feu, comme Néron, c'est le moral qui brûle, non le bois et la pierre.

Paris est ce vieux Saturne qui dévore ses enfants; c'est la fange et la gloire; c'est la ville aux poisons et aux plaisirs; c'est la plaie et le baume: toute la luxure est là; tout le génie est là : c'est l'œil et le cœur; c'est la sentine et le gouffre. S'il y a dans l'empire une beauté divine, elle y vient régner ; s'il y a une laideur repoussante elle vient s'y cacher.

J'ai soigné des êtres qui avaient l'âme plus sale que la langue et n'ai guéri que le corps. On cause trop pour n'épuiser pas vite tous les sujets. On analyse et l'on dissèque dans les salons comme à l'amphithéâtre, et la conclusion de tous les entretiens, même des sages, est toujours entachée de matérialisme. Parmi les hommes, peu de stoïciens; parmi les femmes, beaucoup d'épicuriennes.

Le grand art à Paris, c'est de jouir. C'est pour jouir qu'on aime, pour jouir qu'on mange, pour jouir qu'on étudie et qu'on travaille: on ne veut pas tant satisfaire des appétits qu'assouvir des passions.

Tout est jeu, hasard, fortune, pour cette population efféminée et énergique, raisonneuse et effrénée : mariage, adultère, gouvernement, révolution, tout est passe-temps, diversité. Le roi est usé, la paix est usée, l'ordre est usé, on veut la guerre, la république et le massacre.

Je poursuis et je glane.

Péthion a dit: « J'ai fait garder le Temple et n'ai appris les événe-

» ments de la nuit qu'au moment où il n'y avait plus moyen de s'y
» opposer.

Remarque la contradiction : S'il a fait garder le roi, il savait donc
le danger, et pourquoi n'envoyer qu'au Temple?

Péthion et Santerre ont gardé le roi et laissé tuer les prêtres.

La section du Marais s'était engagée par serment à ne jamais porter atteinte à la sûreté des *précieux ôtages*. Mais le faubourg Saint-
Antoine, moins scrupuleux ou moins habile, a dit : « Après la Force,
» au Temple ! » A ce cri, les commissaires de la Commune font mine
d'être effrayés et courent à l'Assemblée nationale : « Le Temple est
» menacé, disent-ils. La résistance à main armée serait impolitique,
» dangereuse, injuste peut-être. L'harmonie des représentants du
» peuple avec les délégués de la Commune peut seule conjurer l'o-
» rage; nous demandons que six députés nous soient adjoints pour
» aller apaiser le tumulte. »

Cette proposition est adoptée et les commissaires nommés, sont :
Lacroix, Bazire, Choudieu, Thuriot, Dussaulx, Chabot.

J'ai rencontré Choudieu, rue Barbette, il ne m'a dit qu'un mot :
« Farce. »

Pas un de ces commissaires n'ose ou ne veut dire au peuple : Tu
n'iras pas plus loin !

Choudieu est retourné à l'Assemblée. On annonce la levée du
siége de Verdun. Des citoyens assemblés dans la cour des Petits-
Pères, ont recueilli cette nouvelle et se sont livrés à des transports
de joie. Le courrier a dit que l'ennemi avait sommé la place et que
les citoyens avaient répondu : « Vous l'aurez quand il n'y aura plus
» personne pour la défendre. « Le bombardement a commencé à
cinq heures du soir, il a duré jusqu'à sept heures. L'ennemi s'est re-
tiré à huit.

(Applaudissements.)

Brissot explique : Le courrier n'a point passé par Verdun, mais à
cinq lieues de Verdun; c'est là qu'un postillon qui venait de Verdun
même, a dit qu'il avait vu le bombardement commencer et cesser, et
que l'ennemi se retirait sur Longwy.

(Applaudissements.)

Des femmes et des étudiants sont admis à la barre et font des dons
patriotiques.

On apprend qu'il part des bataillons de Troyes et de Versailles.

Une députation de volontaires nationaux est amenée par Choudieu.
ce sont des Angevins, et Cordier, en leur nom, prend la
parole :

« Le commandant de la ville de Verdun et le bataillon de Mayenne
» et Loire, ont juré de ne rendre cette place qu'à la mort. Ce ser-
» ment a retenti jusqu'à notre cœur. Et nous aussi, nous sommes du
» bataillon de Mayenne et Loire. Nous demandons des armes pour
» aller mourir avec nos concitoyens. »

On applaudit, et le président invite les volontaires aux honneurs
de la séance.

Cordier reprenant : « Quand nous aurons vaincu l'ennemi, sans
» doute il nous sera bien doux d'obtenir les honneurs de votre
» séance ; mais dans ce moment, le premier objet de nos vœux est
» d'avoir des armes et de partir. »

On applaudit de nouveau.

Choudieu monte à la tribune : « Qu'il me soit permis de profiter
» de cette occasion pour faire connaître à l'Assemblée le dévoue-
» ment et la généreuse délicatesse des volontaires de Mayenne et
» Loire. Par un exprès, hier même, ils m'ont fait parvenir le fruit
» de leurs épargnes ; ils m'ont chargé de les faire passer à leurs con-
» citoyens qui sont dans le malheur, et d'écrire à leurs amis et pa-
» rents pour les consoler, en leur disant qu'il étaient morts pour la
» patrie. »

(Vifs applaudissements.)

« Je demande que l'Assemblée ordonne une mention honorable
» des volontaires de Mayenne et Loire , et qu'elle charge le pouvoir
» exécutif de donner des armes à ceux qui viennent de se présenter
» à la barre ; il faut qu'ils puissent partir demain. »

Ces propositions sont décrétées, et Cordier s'écrie : « Nous parti-
» rons ce soir. »

———

*Lettre de Desmazières , volontaire de l'immortel bataillon de
Maine et Loire, au citoyen Desmazières, officier municipal à
Angers.*

—

Paris, le 3 septembre 1792, l'an 4ᵉ de la liberté.

Je suis sorti de Verdun vendredi, à midi et demi , mon cher papa.
Depuis quatre jours nous ne nous étions couchés, le commandant et
moi. Il m'envoyait porter à l'Assemblée nationale la sommation de
livrer la ville que nous avait faite, à dix heures du matin, le duc de
Brunswick. Verdun était alors cerné, et nous tirions depuis dix
heures sur les retranchements de l'ennemi, sans qu'il nous eût répondu. Je fus chargé, à midi, de porter les dépêches ; j'étais à cheval sans discontinuer depuis quatre jours. Je tentai inutilement

le passage. Mes camarades ne voulaient pas consentir à mon départ. Je fus obligé de rentrer par deux fois différentes, mais à la troisième fois on détacha cinq cents hommes pour me protéger ; ils ne purent sortir, l'armée ennemie était trop nombreuse ; mais tandis qu'ils tenaient l'ennemi sur le qui-vive, j'ai traversé la ligne ; j'en ai été quitte pour être poursuivi pendant une demi-lieue par trois houlans, que j'ai rencontrés à trois quarts de lieue de Verdun. Grâce à mon cheval, qui est assez vigoureux, j'ai fait encore neuf lieues, pour prendre la poste à Bar-le-duc, et de là, j'ai couru vers Paris, où j'étais impatiemment attendu. J'ai réveillé le patriotisme. Le ministre de la guerre, à qui j'ai parlé, y a beaucoup contribué, comme vous le verrez par les grandes nouvelles du jour. Il y est question des sentiments du bataillon et de son attachement à la chose publique. J'ai parlé à l'Assemblée comme j'ai pu; j'étais excédé de fatigue et de crainte, faute d'usage de parler en public. J'ai dit ce que j'ai pu et comme je l'ai pu ; mais je n'ai dit que la vérité.

Vous verrez les nouvelles, je n'ai pas le temps de vous les rapporporter.

Vous voudrez bien dire que malgré le peu de garnison qui était à Verdun, et qui n'était que de cinq mille hommes (1), on était joyeux à mon départ et très décidé à se battre. On avait compté sur six mille hommes qui ont été coupés. Mais lors de mon départ, on attendait l'armée de Dumouriez et de Kellermann ; c'est pourquoi l'on ne doit pas s'inquiéter si fort a Angers. J'espère que nos camarades auront eu du secours ; je brûle de les rejoindre.

Tout le peuple est debout. Il paraît qu'il va partir de Paris 60,000 hommes pour nous secourir aux frontières.

Faites connaître à nos concitoyens que c'est moi qui ai porté les dépêches à l'Assemblée, de peur qu'ils ne m'accusent de lâcheté. Je me suis au contraire sacrifié, étant sûr de périr si j'eusse été pris. L'ennemi ne fait point de prisonniers ; mais je craindrais que si notre bataillon, qui était décidé à mourir, n'existait plus, on me soupçonnât d'avoir fui. S'il a pu tenir, comme il était disposé, il fera à jamais la gloire de la France entière. Ce sont les paroles de toute l'Assemblée ; qu'il en soit ainsi : je l'espère et le désire.

Je suis, votre fils. •   DESMAZIÈRES.

P. S. On arrêtait hier, à Paris, tous les chevaux de cabriolet, de selle et de voiture, malgré les murmures des propriétaires. Tous ces petits freluquets, les larmes aux yeux, étaient obligés de conduire à un endroit désigné, toutes ces bêtes pour l'armée.

J'apprends que le siége est levé ; je pars tout de suite. Le ministre n'est pas encore instruit de cette nouvelle.

(1) Il n'y en avait pas 4000.

Lettre de Mame aîné à son père.

—

Paris, le 3 septembre 1792.

Nous partons, mon frère et moi, avec Cordier, Besnard et Laroche pour nous rendre aux frontières.

Nous serons suivis de plus de quatre-vingt mille hommes qui sortent également de Paris, avec l'intention la plus décidée de soutenir la liberté et l'égalité, et de faire mordre la poussière aux ennemis d'un peuple libre et généreux.

—

Lettre de Mame (Minor) à son père.

—

Meaux, le 4 septembre 1792.

Nous sommes partis de Paris avec trois Angevins qui vont rejoindre le premier bataillon de Maine et Loire. Mais nous allons, nous, rejoindre le bataillon parisien des Quatre-Nations. Si nous pouvons trouver des chevaux, nous entrerons dans les hussards, mais de toute manière nous paierons notre dette à la patrie et vous aurez de nos nouvelles.

—

Lettre de Fillon à Bodard.

—

Angers, le 5 septembre 1792.

Nous sommes sans nouvelles certaines et tous les bruits qui arrivent jusqu'à nous se contredisent. Tantôt Verdun s'est rendu, tantôt non ; tire-nous de peine si tu peux. Nos volontaires sont-ils morts, ou pris, et de toute manière perdus ? nous les croyons vainqueurs. Il faut qu'ils le soient, ou bien qu'il soit arrivé quelque chose de bien étrange. Toutes nos familles sont en alerte. Le premier bataillon était dans la citadelle, et Beaurepaire commandait la place ; avec un tel chef et de telles gens, il faut s'attendre à de grands succès ou à de terribles catastrophes. Juge de l'état des pauvres mères.

Une lettre de Valenciennes, du 2 septembre, qu'on a reçue ici, nous semble d'un bon augure : « Le courrier de Verdun et de
» Sedan qui devait arriver hier matin n'est pas encore arrivé. Néan-
» moins, on a appris que Dumouriez avait couvert et garanti Ver-

» dun de toute surprise. Le camp de Pont-sur-Sambre a été
» levé. »

N'étant tout cela rien de bien positif, dis-nous vite ce que tu sais.

FILLON BELNOÉ.

Lettre de Bodard à Fillon.

Paris, le 14 septembre 1792.

Je suis navré, broyé, c'est un coup de foudre. Au moment où tout faisait croire que Verdun allait être sauvé, les ministres de la guerre et de l'intérieur ont apporté à l'Assemblée la nouvelle de la prise de la ville.

Cette nouvelle est venue par deux lettres, l'une, particulière, datée de Sainte-Ménéhould ; l'autre, officielle, datée de Châlons, et écrite par le Directoire du département de la Haute-Marne.

Le même jour à midi.

Dumouriez a écrit au ministre de la guerre : « Verdun est pris :
» j'attends les Prussiens. Les camps de Grand-Pré et des Islettes
» sont les Thermopyles de la France, mais je serai plus heureux que
» Léonidas. »

Qu'en dis-tu ? Voilà de belles paroles : nous verrons les effets.

« L'ennemi ne compte pas sur ses armées (disent les ministres),
» mais sur nos désordres intérieurs. Ses espérances se réaliseraient-
» elles ? On assure que des haines privées s'allument. Les signataires
» de certaines pétitions sont proscrits. (Souviens-toi, Fillon, de mes
» avertissements), on répand les idées et les bruits les plus contra-
» dictoires. On dit dans les départements frontières que Paris veut
» donner à la France le duc d'Yorck pour roi. On dit à Paris que
» l'Assemblée veut rétablir Louis XVI sur le trône... »

Il y a un autre bruit dont les ministres ne parlent pas : c'est qu'on proclamerait la République, et que le duc de Brunswick en serait le protecteur.

Quoi qu'il en soit, Roland a demandé qu'une adresse fût faite au peuple ; que l'Assemblée restât en permanence toute la nuit et que la garde nationale fût mise sous les armes.

« Ne punirez-vous pas (dit Bréard) ceux qui ce matin nous ont
» induits en erreur sur Verdun ? »

« Erreur n'est pas vice, répond Guadet », et cet incident n'a pas de suite.

Cura ut valeas BODARD. D. M.

*Proclamation de l'Assemblée nationale rédigée par Vergniaud,
sur la demande de Roland.*

—

Citoyens, vous marchez à l'ennemi, la victoire vous attend , mais
prenez garde aux suggestions perfides ; on égare votre zèle, on veut
d'avance vous ravir le fruit de vos efforts, le prix de votre sang. On
vous divise, on sème la haine, on veut allumer la guerre civile, exciter les désordres dans Paris ; on se flatte qu'ils se répandront dans
l'empire et dans vos armées. On se flatte qu'invincibles si vous êtes
unis, on pourra, par des disseusions intestines, vous livrer sans défense aux armées étrangères.

Citoyens , il y a force là où il y a concorde et faisceau dans les
opinions et les esprits, dans les desseins et les mouvements. Il n'y a
plus ni liberté ni patrie là où la force prend la place de la loi.

Citoyens, au nom de la patrie , de l'humanité, de la liberté, re-
doutez les hommes qui appellent la discorde et provoquent aux
excès. Entendez la voix des représentants de la nation qui les premiers ont juré l'égalité. Combattez l'Autriche et la Prusse. Sous peu
de jours la Convention va poser les bases de la félicité publique.
Travaillez à les rendre inébranlables par des triomphes ; instruisez
par votre exemple à respecter la loi.

———

Cette adresse au peuple est affichée, proclamée à son de trompe et
de tambour, envoyée aux départements, et après ce beau chef-
d'œuvre, quand le sang des prisons fume encore, quand on solde à
la Commune le mémoire des égorgeurs , la Gironde va se coucher,
et dort apparemment d'un léger somme.

———

Lettre de Bodard à Fillon.

—

Paris, 4 septembre 1792.

La belle madame d'Harville qui est sensible autant qu'elle est habile, a écrit à l'Assemblée, et c'est Choudieu qui a lu sa lettre :
« Touchée, dit-elle, jusqu'aux larmes de l'empressement héroïque
» des citoyens qui s'enrôlent pour aller servir la patrie, je prends de
» concert avec mon mari, qui est aux armées, l'engagement d'élever
» douze enfants de militaires, jusqu'à l'âge de seize ans et de leur
» donner tous les moyens de choisir un état. »

Des remercîments sont votés. Puis sur un discours de Chabot qui répond aux bruits signalés hier par les ministres, l'Assemblée se lève et s'écrie : « Nous le jurons, plus de roi ! »

———

Le ministre de la guerre fait passer à l'Assemblée, une lettre de l'administration de la Meuse et datée de Bar-le-Duc, qui annonce que la ville de Verdun s'est rendue le 1er septembre à six heures du soir.

Le courrier porteur de cette lettre est admis à la barre : « M. le » président, le 30 août, M. Dumouriez a fait faire un mouvement à » son armée. Il a vu que l'ennemi voulait l'empêcher de communi- » quer avec la garnison de Verdun, alors le général a fait la plus » habile manœuvre ; il a fait traverser à son artillerie toute la chaîne » du Mont-Dieu et s'est porté sur les côtes de l'Argonne. Son but » est de gagner Varennes, où il doit se joindre à Kellermann, et » il ne doute pas que l'ennemi ne soit repoussé !

» Nous n'avons aucune nouvelle de Verdun.

» Quant à moi je parierais cent contr'un, que cette ville n'est pas » prise.

» Lorsque l'ennemi s'est porté sur Stenay, il était guidé par des » aristocrates de l'intérieur. Les habitants et la garnison se sont » battus comme des diables.

» Le général Dumouriez occupe donc à présent les gorges d'Ar- » gonne. Il est en marche sur Sainte-Ménéhould. Ami de ses soldats, » il couche sur la paille comme eux. Il est bon de vous dire qu'il a » trouvé l'armée de Lafayette presqu'entièrement désorganisée, » mais que l'ordre y est déjà bien rétabli.

» Le général Dumouriez a reçu des affiches du maire de Stenay, » qui annoncent que dans cette petite ville, l'ancien régime a été com- » plétement remis en vigueur par les Prussiens.

» Je n'oublierai pas de citer une femme qui, après avoir empoi- » sonné deux tonneaux de vin, en a bu la première, et en a fait » boire à quatre cents Allemands qui en sont morts. »

Ce courrier est sorti des écuries du ci-devant duc de Chartres, qui sert comme aide-de-camp sous Dumouriez, couche avec lui sur la dure et partage les fatigues et les périls de la campagne.

Mais la lueur d'espérance qu'il donne sur Verdun est éteinte par une lettre de Roland, qui écrit que le peuple n'est pas calmé et que la prise de cette ville a redoublé sa rage.

C'est Brissot qu'on accuse non seulement d'avoir vendu Verdun, mais encore d'avoir voulu vendre Paris à Brunswick.

Qui fait courir ce bruit? Robespierre !

Lettre de Bodard à Fillon.

—

Paris, le 6 septembre 1792.

Je t'envoie une lettre singulière que Jean de Bry a lue à l'Assemblée nationale. Il a prétendu qu'elle était d'un jeune Français, patriote, qui se trouvait en ce moment à Coblentz, et qu'elle lui avait été communiquée par le père du jeune homme qui à l'instant venait de la recevoir.

Lis-la d'abord, j'en raisonnerai après.

Coblentz, le 2 septembre 1792, l'an iv de la Liberté et le 1ᵉʳ de l'Egalité.

» Je saisis l'occasion d'un déserteur et n'ai que le temps de te
» dire que la fière attitude de la ville de Paris depuis la mémorable
» journée du 10 août a allongé d'un quart la figure de nos ci-devant.
» Rien ne transpire sur les projets de campagne de Brunswick, mais
» je sais à n'en pas douter que s'ils ne réussissent pas, nos généreux
» princes, pour dernière ressource, comptent soudoyer des scélérats
» à Paris, pour tenter une insurrection et faire assassiner la famille
» royale.

» Si ce malheur arrive, ma patrie est perdue; elle sera incontes-
» tablement cernée par toutes les puissances, et l'Angleterre même
» lèvera le masque.

» Profite de mon avis; communique-le à qui a de l'influence; qu'à
» Paris on se mette en garde contre les agitateurs; que l'on con-
» serve précieusement ces ôtages, qu'on attende la Convention na-
» tionale pour prononcer sur leur sort, et ça ira!

» Je n'ose pas encore t'envoyer mon adresse. Tout ce qui vient de
» France et tout ce qui y va est surveillé à un point incroyable.

» A. L. »

Je connais, a dit Jean de Bry, l'auteur de cette lettre. J'atteste l'authenticité de la signature et j'affirme qu'elle est d'un bon citoyen.

L'Assemblée en ordonne l'impression.

Et tout cela, Fillon, n'est que de la *gabgie :* c'est le mot de Choudieu.

C'est la Gironde qui agit de biais ou plutôt qui parle et n'agit pas. Elle traite de scélérats les agitateurs et les laisse faire. Elle prévoit le danger et ne le prévient pas. Elle sauve le roi du massacre et le réserve à l'échafaud.

Un fermier de Mantes est venu à l'Assemblée, et a offert de faire à ses frais fabriquer un canon de la grosseur de la tête de Louis XVI. Et au lieu de mettre ce fou furieux à Bicêtre, on a ordonné la mention de son offre au procès-verbal.

L'exemple était beau, il a été suivi; une section a dit : « Verdun » est pris, si l'ennemi passe Clermont, qu'on coupe la tête de Louis, » qu'on la mette dans un obusier et qu'on l'envoie aux Prussiens. »

Cela rappelle les guerres du moyen-âge, où Cambrai étant assiégé, on mettait dans les machines (catapultes) les membres des prisonniers, pour les lancer palpitants sur l'ennemi.

Des femmes ont demandé qu'on mît le roi, la reine, le prince royal, madame Elisabeth, garottés, en tête de quatre bataillons de volontaires, sur la route de Sainte-Ménéhould à Clermont, et qu'on marchât sur les Prussiens, en leur criant comme à Fontenoi : Messieurs, tirez les premiers!

Il n'est sorte d'inventions qui ne viennent aux Parisiens. La prise de Verdun les met hors d'eux-mêmes. La garde nationale que Roland a mis sous les armes s'est annihilée et absorbée; elle se fond dans ce peuple immense, peuple d'ouvriers, peuple des basses rues et des faubourgs, peuple des campagnes environnantes, peuple en masse qui sort de terre et qui s'avance comme la forêt de Macbeth; il n'y a pas d'autre pensée, d'autre voix, d'autre volonté que la sienne. On l'a laissé dans l'abjection, il est brutal, idiot, féroce; on l'a voulu ainsi et on en a les fruits et les œuvres. Il n'a que des instincts et point d'âme; il n'entend à rien qu'aux fanatismes : celui de la foi, celui de la liberté. L'un lutte contre l'autre, et dans la crise où nous sommes quelle modération apporter à ces fureurs? Que faire en effet du bourgeois, du marchand, du rentier, gens indécis, ménagers et timides, de l'avocat qui babille et du savant qui disserte? Il faut des bras, des reins, des pieds solides pour opposer à cette armée allemande qui vient bardée de fer se jeter ser nos villes et mettre le feu à nos moissons !

Le roi a le sentiment de sa situation. Il a écrit à Brunswick, à Verdun même; on a intercepté le billet, écrit en encre sympathique; on l'a mis devant le feu et déchiffré : « Si vous faites un pas de plus, » vous trouverez ma tête au bout d'une pique.

Valf.

LETTRE A LECLERC

SUR L'ASSASSINAT DE MILLIERE.

Veux-tu savoir comment un royaliste prétendu, M. Crétineau-Joly, écrit l'histoire? Lis et médite.

La Terreur était passée, Robespierre était tombé, le Directoire avait disparu, on respirait sous le Consulat, et si les agents de l'administration publique n'étaient pas tous également forts, également habiles, tous du moins étaient, sous ce régime, choisis de manière à ce qu'on s'accordât, dans tous les partis, sur leur probité, leur loyauté, leur marche assurée et discrète dans une direction salutaire. Nous n'avions plus les échafauds, nous n'avions pas encore le despotisme. Nous vivions dans l'espérance et la liberté, avec un besoin de calme, un besoin d'ordre qui se faisait partout sentir, mais surtout dans l'Ouest, et qui promettait à la France d'heureuses enfin et de glorieuses destinées.

Qu'employait-on pour arriver à une entière pacification à l'intérieur? la persuasion et la patience plus que les baïonnettes. Le gouvernement offrait des grades, des places, des moyens de parvenir à toutes les ambitions, et de se développer à toutes les intelligences. Il voulait fonder par l'affection, non par la crainte; il procédait plus par les caresses que par les menaces. Mais pourtant il était ferme, il était résolu, il sévissait à propos. Il n'était pas mou, mais bon. S'il voulait s'établir par la dextérité et l'adresse, et se consolider par la confiance, il savait aussi combattre par des mesures et des sévérités législatives, ou vaincre par les armes ceux qui s'opposaient opiniâtrément à la marche des institutions nouvelles, et qui s'étaient brutalement levés pour ramener le règne des hobereaux, sous la crosse sacerdotale et le joug avili de la monarchie rouillée.

Entre les agents de ce pouvoir naissant, approuvé de la grande majorité des Français, et déjà respecté de ceux même qui tardaient à se rallier à lui, on remarquait les commissaires principaux près les départements et les communes. A Angers, au département, nous avions vu Monnier, puis Moreau, le premier plus doux, le second plus énergique, tous deux républicains déterminés, mais généreux. A Morannes, sur la Sarthe était Millière. Je resserre mon cercle et je veux donner un exemple de la mauvaise foi calculée de notre historien qui a dû bien s'attendre à d'amères censures, lorsqu'il a pris la plume pour la laisser courir à travers landes, comme il l'a si étonnamment et si témérairement fait. Dix traits, vingt feuillets, cent pages m'auraient pu servir à le prendre en faute. Tantôt, pourquoi ne pas le dire? il est gaîment atroce comme dans le guet-apens où périt l'évêque constitutionnel Andrein, près de Quimper; tantôt il distille avec une joie cruelle et dans un style ardent et coloré la calomnie et le mensonge, comme dans l'affaire de Clément-de-Ris, où il affirme avec une étourderie de bon ton, une éhonterie toute dégagée et toute gracieuse que les juges d'Angers, nos parents, nos amis, à une table somptueuse, à une orgie infâme, avaient juré la perte des accusés, quoique bien instruits cependant de leur innocence.

Le cœur se soulève à de si affreuses imputations. Mais je veux me renfermer dans un fait unique, sur lequel j'ai des notions sûres et où le système de notre auteur, plein d'aigreur et de fiel, plein de cette verve acide qui brûle et empoisonne, va se montrer dans toute sa laideur et dans toute sa haine.

Millière, commissaire des consuls à Morannes, appartenait à une famille de petits propriétaires et de marchands. Il n'était ni cousin d'émigré, ni cagot. Il avait étudié, appris le latin. Sa mère voulait, autant qu'il m'en souvient, en faire un prêtre. Elle avait un frère chanoine, dont elle visait de longue date pour son fils, le prieuré et la prébende. Mais la révolution étant venue, tous ces projets avaient été changés; Millière s'était livré sans réserve au mouvement réparateur, et de proche en proche, par l'estime qu'il avait inspirée, il s'était vu appelé à exercer une grande influence dans un pays que plusieurs actes inouïs de cruauté avaient signalé à la surveillance de l'autorité centrale.

Les chouans avaient pour chefs des gentilshommes, des gardes-chasse, des faux-saulniers, bons tireurs, déterminés, inexorables. La plupart changeaient de nom et se faisaient appeler Jambe-d'argent, Branche-d'or, Sans-peur, Chasse-bleu, Tranche-montagne, Joli-cœur; un fils de meunier, Mousset-l'avant-garde, était un intrépide des environs de Bécon, Monsieur-Jacques commandait une bande à Daumeray, Etriché, le Porage. Guitter, un paysan féroce, dit *Saint-Martin*, avait de l'empire dans les campagnes de Château-neuf et de Brissarthe. Tous ces braves tuaient les gens qui allaient aux foires, arrachaient de leur lit et fusillaient les fermiers patriotes, arrêtaient et volaient à l'occasion les diligences. Ce n'était plus de la guerre, et si dans le principe il y avait eu des hommes de valeur dans le parti, si l'on avait eu alors un but avouable, tout était depuis dégénéré, et ce n'était plus vers la fin qu'un brigandage de bas aloi qui se décorait d'un titre politique, et se voilait sous le manteau noir et la soutane, ou s'enveloppait des replis et fleurs de lys du drapeau blanc.

J'ai raconté ailleurs un fait de trahison abominable qui eut lieu aux fêtes de Pâques sur la route de Sablé. Je n'y reviendrai pas. Un de mes oncles et un de mes cousins furent tués par des chouans apostés dans des fossés des deux côtés du chemin. L'une des veuves vit encore, et dans son deuil profond qui n'a pas cessé, elle s'est vouée, en martyre, au soulagement des malades! O sainte femme! mais ma plainte augmenterait ta douleur! Je te laisse, je te laisse en ton humilité sacrée. Je retourne à Crétineau, j'ai hâte de faire justice d'une de ces pages sanglantes qu'on croirait détachée d'un catéchisme de bêtes fauves.

Un jour (c'était le 15 mai 1799), cinq hommes, un caporal et quatre fusiliers en uniforme national bleu, à revers blancs, à passe-poil rouge, chapeau à cornes avec pompon tricolore, se présentent en plein midi à la barrière de Morannes, en face du petit cimetière. Cette barrière était gardée par un peloton d'habitants, mais mal gardée, car la plupart des hommes étaient à dîner, à dormir ou absents pour de futiles causes; la sentinelle restait, ainsi que le tambour qui jouait au piquet avec le sergent.

Le chef des cinq hommes qui arrivaient par la route d'Angers, le caporal bien galonné et bien alerte, couvert de poussière, montra au factionnaire un papier cacheté, une grosse dépêche qu'il a mission, dit-il, de remettre aux mains du citoyen commissaire du pouvoir exécutif.

« Le commissaire? Là bas, près du puits, tu vois la maison, » passe. »

Les cinq hommes passent et à cent pas de là ils sont chez Millière. Quatre attendent à la porte. Le caporal seul pénètre dans la maison. Le plus grand calme règne dans la rue. A peine si les femmes, en allaitant leurs enfants et en filant au rouet, regardent ces militaires, quoiqu'elles aient déclaré depuis, qu'elles leur avaient trouvé un air farouche.

Dix minutes s'écoulent, après quoi le caporal sort froidement de la maison, une lettre à la main et dit aux siens : « C'est fait, filous

» vite. » En coudoyant la sentinelle, il ajoute : « J'emporte la ré-
» ponse, salut camarade ! »

— « Salut ! »

Rien de plus, rien de moins. La partie de cartes était finie. Le
tambour battit le rappel, et le poste, vers la brune, se trouva au
complet. On fit l'observation que depuis plus de cinq ou six heures
la porte de Millière était fermée. On ne voyait apparaître ni la
femme ni l'homme. Ils n'avaient de servante qu'une jeune fille qui,
ce jour-là, avait eu la permission d'aller, à deux lieues, embrasser
son grand-père et ne devait pas revenir coucher. On s'étonne, on
s'inquiète. Les voisins frappent, personne n'ouvre ; on frappe de
nouveau à coups redoublés, mais personne encore ; tout se tait en
un logis qui était habituellement fort animé. A la fin on fait venir
le serrurier, on enfonce la porte, on franchit la première pièce don-
nant sur la rue, on parvient à la seconde sur le jardin, et quel
spectacle s'offre alors à la foule épouvantée ! Millière tué d'un coup
de poignard, et sa femme étendue à ses pieds, râlante et près de
rendre le dernier soupir ! On crie, on s'émeut, on court chercher
l'officier de l'état-civil, on verbalise. Les cinq soldats sont des
chouans déguisés, et leur chef (il s'en vante, on l'apprend le lende-
main même) est Saint-Martin, Guitter, qui est venu assassiner un
homme sans armes, à l'entrée du bourg, en un moment où les né-
gociations de toutes parts entamées, annonçaient une amnistie prochaine.

Cette amnistie, désespoir des scélérats, n'en couvrit pas moins
leurs forfaits. Saint-Martin mourut dans son lit, confessé, absous
et béni par un curé réfractaire; mais n'était-ce pas assez, et fallait-il
qu'un jour un imprudent écrivain, aveuglé par sa passion, fît à ce
misérable une indiscrète apothéose ? Lisez ce qui est imprimé dans
la *Bibliothèque d'élite*, histoire de la *Vendée militaire*, 2e édition,
chez Charles Gosselin, 4e série, page 122. Le narrateur halluciné,
change à son gré la scène, et après le coup porté à Millière, il pour-
suit en ces termes : « A la vue de son mari expirant, la citoyenne
» Millière se jette sur Saint-Martin ; elle appelle au secours ; le
» royaliste cherche à se débarrasser de cette douleur dont l'éclat
» peut le perdre. Une lutte s'engage; la femme est blessée à l'é-
» paule et renversée. Saint-Martin descend rapidement l'escalier ;
» mais ses soldats effrayés du rassemblement que les cris de la ci-
» toyenne Millière ont provoqué, apprennent à leur chef qu'il leur
» a été impossible de s'assurer de l'issue du jardin. *Eh bien ! ris-*
» *quons le tout pour le tout: j'ai fait un acte méritoire, payons*
» *d'audace.* Il ouvre lui-même la porte de la rue, où la garnison
» et les habitants sont agglomérés et, sortant de cette maison à la
» tête de ses quatre volontaires, la baïonnette en avant: *Place*,

» s'écrie-t-il d'une voix éclatante, *je viens de tuer le chien enragé,*
» *rentrez tous chez vous et laissez-moi passer, je suis Saint-*
» *Martin !* »

« A ces mots la foule s'écarte, le peuple est interdit, les fantassins
» ne font aucun mouvement. L'audacieux sang-froid de cet homme,
» dont le nom a si souvent retenti à leurs oreilles , les fait tous
» pâlir de stupeur. Saint-Martin traverse au pas de charge le bourg
» de Morannes et les rangs pressés des républicains sans qu'un coup
» de fusil soit tiré, sans qu'une parole de malédiction ou qu'un cri
» de vengeance inquiète sa marche. »

Ensuite viennent des moqueries pour la victime et d'incroyables
éloges pour la renommée extraordinaire de son héros. Il rabaisse
Millière par d'odieux outrages , il relève Saint-Martin par cette har-
diesse qu'il lui prête de braver un bataillon de quatre cents hommes,
qui gardait Morannes ! Un bataillon de quatre cents hommes ? Où
donc était cette troupe ? d'où venait-elle ? qui l'avait faite si impuis-
sante et si lâche ? Ne reconnaît-on pas dans ces mille circonstances
amoncelées tout le luxe d'imagination , toute l'intrépidité créatrice
d'un audacieux que rien n'arrête et qui attire sur lui comme à plaisir toutes les rigueurs. Modération serait ici complicité , j'en aurais
honte. Il y a là un écrivain dangereux qui invente ou arrange tout. J'ai
bien connu les lieux, j'y avais ma famille, j'y ai passé une partie de
ma jeunesse. C'est au bout du jardin des *Grignons* qu'est la petite maison qu'habitait Millière. Cette maison, construite en tuffeau, n'a qu'un
étage, mais le commissaire était au rez-de-chaussée, dans la seconde
pièce sur le derrière. Il était avec sa femme, près du feu, à l'heure du
repas. La lettre fut remise par Saint-Martin, et pendant que Millière la
lisait, il fut frappé au cœur d'un coup de sabre affilé ; sa femme se lève, veut se débattre et crier, mais sa voix est étouffée par l'assassin qui
lui met un mouchoir dans la bouche, la frappe à son tour. l'étend
sur le carreau et la laisse pour morte. Il referme la porte de la cui-
sine , qui servait de salle à manger ; il sort tranquillement, rejoint
ses hommes et quitte le bourg sans qu'il y ait autour et au devant
de lui ni le moindre bruit, ni le plus léger obstacle. On avait pris '
lui et ses gens, pour une patrouille envoyée en *correspondance ;*
il en venait tous les jours , on y faisait peu d'attention, et c'était
précisément cette négligence , dont les chouans n'étaient que trop
bien informés, qui avait enhardi Saint-Martin à tenter l'horrible
aventure.

Cette affaire fit dans le canton un mal affreux. Il y eut des repré-
sailles et des vengeances , et les ressentiments, qui en ce temps-là
naquirent , ne sont pas encore éteints dans toutes les âmes. Ils se
transmettent d'âge en âge, tous les cœurs sont serrés, on ne se lie

point, on ne se communique point, on vit en tristesse et en défiance, et une telle position, si déplorable, on la doit en grande partie à ces récits funestes qui se forgent après coup dans le dessein évident d'exciter les rancunes, d'entretenir les ferments de discorde et d'empêcher les plaies de se guérir.

Autre chose est de défendre une opinion, un sentiment, un culte et d'y employer toute sa vigueur ; de parler, d'agir, de s'armer même et de risquer sa fortune et sa vie pour le triomphe d'une cause qu'on croit la meilleure et la plus juste ; autre chose est de tronquer sciemment les faits, de n'en montrer pas un sous son vrai jour, de tout dénaturer et déclasser, de charger les événements, de les plier à son ambition et à sa colère, et d'aller enfin dans son délire jusqu'à traiter l'assassinat d'héroïsme. Ah ! je ne puis tolérer de si incroyables égarements ; il faut que je redresse une erreur aussi grossière, et que j'arrache au crime le nimbe sacré qui n'est que l'attribut de la haute vertu.

Que chaque homme ait son lot, son nom, la réputation qui lui est due. La confusion est une ruine, et c'est la vérité qui de la société française est la sauve-garde : Marat fut un monstre, Carrier fut un monstre, Saint-Martin et ses pareils, et tous ces assassins fieffés, sont des monstres ; tous les écrivains qui dressent pour eux des autels et tressent des couronnes sont des cannibales ou des fous. Qu'en penses-tu Leclerc ? Entends le cri de ma conscience, adopte mes jugements, et viens t'abriter et t'asseoir près de moi, au bout de cette voie d'honneur que j'ai tenue sans dévier, ni à droite, ni à gauche, guidé toujours par le triple flambeau de la raison, de la morale et de l'humanité.

Adieu, je t'embrasse,

F. G. MALVOISINE.

Au Hutreau, le 15 septembre 1847.

FIN.